# De woeste bergpas

*Klipper* is een serie boeken met een lager AVI-niveau dan voor de leeftijdsgroep gebruikelijk is. De boeken zijn verdeeld in drie categorieën:
Groen – voor lezers vanaf 8 jaar (AVI 3, 4, 5)
Rood – voor lezers vanaf 10 jaar (AVI 4, 5, 6)
Blauw – voor lezers vanaf 12 jaar (AVI 5, 6, 7)

De *Klipper*-boeken zijn ook op cd verkrijgbaar; *Klipper Plus* bevat begeleidend materiaal per boek.

© 1997 Uitgeversmaatschappij J.H. Kok b.v.
ISBN 90 392 5399 4
NUGI 140/221

Omslagontwerp: Robert Vulkers
Omslag en illustraties: Arie Weber
AVI 5
Brus 40-50

# De woeste bergpas

*R.H. Schoemans*

KOK
EDUCATIEF

# 1. De geur van sneeuw

De paarden hadden honger. Ze duwden Jos bijna omver
toen hij hun eten bracht. Ze kregen haver. Daar werden
ze sterk van. De dieren aten snel. De jongen was blij.
Nog even en ze konden vertrekken.
Jos was trots op zijn paarden. Hun brede lijven damp-
ten in de koude van de ochtend. Ze stampten met hun
dikke, sterke benen. Hij streelde de korte bruine haar-
tjes van hun vacht. De lange haren in hun nek waren
bijna geel. De jongen kamde ze met zijn vingers.
De zakken met haver waren leeg. Jos tuigde de paarden
op. Leren riemen met gespen van blinkend koper. Ha-
ken met kettingen om de wagen te trekken. Klaar was
hij. Hij wachtte op voerman Hannes. Dat was zijn baas.
En ook de baas van het span paarden.
Hannes kwam uit de herberg. Hij en Jos hadden er
heerlijk geslapen. Samen in een warme kamer. De voerman in het bed, de knecht op een zak vol stro.
Voerman Hannes was een kleine, sterke kerel. Hij kon
in zijn eentje een wagen optillen. Dat was handig als je
een wiel moest vervangen.
Een boze man liep achter de voerman aan. Het was de
baas van de herberg. Hij riep: 'Je bent gek, Hannes! Je
waagt je leven!'
Jos deed alsof hij niets hoorde. Ruzie vond hij niet leuk.
Hij bracht een paard naar de wagen.

Het dier wist wat het moest doen. Het bleef naast de trekbalk staan. Jos klikte de ketting vast aan de balk. De andere paarden wachtten rustig hun beurt af. Ze kenden hun plaats. Het waren slimme dieren. De herbergier riep naar Hannes: 'Je bent een koppige ezel! Er is sneeuw op komst! Je wagen komt vast te zitten op de berg! Wie gaat je dan helpen? Die jongen daar? Dat is nog maar een snotneus!'

Hannes balde zijn vuist en brulde: 'Pas op! Zeg niet dat Jos een snotneus is! Hij is de beste knecht in heel het land! Hij en ik zijn de besten! Begrepen?'

De jongen lachte trots. De voerman had gelijk. Hij was groot en sterk. Hij kon werken als een man. Wat gaf het dat hij nog maar veertien was? Hij was geen snotneus!

Jos maakte het laatste paard vast. Dat was de leider. Die deed de anderen voor hoe ze de wagen moesten trekken. Het dier duwde met zijn mond tegen zijn schouder. 'Jij bent mijn vriend', zei het daarmee.

Jos trok zijn muts vaster op zijn hoofd. De adem van het paard deed zijn haren trillen.

Hij was gekleed als een echte voerman. Hij droeg een leren jack zonder mouwen en een kort jasje van wol. Het was zo stijf, dat het wel vilt leek. Verder een leren broek met pijpen tot vlak onder zijn knieën. Die was met riempjes dichtgemaakt. Daaronder droeg hij lange kousen.

Zijn zware schoenen klonken als de hoeven van de paarden. Ze tikten als hij over de stenen liep.

**6**

In de leren zolen staken spijkers met brede koppen. Zo
gingen de zolen niet kapot op de ruwe bergweg.
'Kom. We gaan', beval Hannes.
De herbergier was bang. Hij wist hoe gevaarlijk de weg
over de bergpas was. Hij rook sneeuw in de wind. Er
was slecht weer op komst. De weg zou binnen enkele
uren vol liggen met sneeuw. Geen wagen kon dan nog
de berg op. Voerman Hannes deed alsof het hem niet
kon schelen: 'Mijn paarden zijn snel. We komen wel op
de top van de pas voor het stormt', riep hij.

De herbergier gaf de strijd nog niet op.

'Pas op voor de rovers', zei hij.

'Wat voor rovers?' vroeg Hannes.

'Die van Dorre Lorens. Dat is een bandiet. Ik weet dat hij in de buurt zit', zei de baas van de herberg.

'Is Dorre Lorens dan niet bang van de sneeuw?' spotte de voerman.

'De Dorre is nooit bang. Luister naar mijn raad. Je speelt met je leven', zuchtte de herbergier.

Het hielp niet. De voerman ging toch op weg. De man van de herberg liep terug naar binnen. In zijn boek schreef hij: 'Vandaag, 30 oktober 1743. Span met vier paarden. Wagen met een vracht meubels. Voerman Hannes en knecht Jos. Storm op komst. Ze zijn toch vertrokken.'

'Juu!' riep Hannes.

De paarden spanden hun spieren. De wagen reed de weg op. Jos keek naar de lucht. Er was echt sneeuw op komst. Maar wanneer?

# 2. Wolken boven de pas

De weg liep langs een rivier. Het water sloeg wild tegen
de rotsen. Er stond schuim op de kopjes van de golven.
De weg werd steeds steiler. De paarden stampten nog
harder. De wielen knarsten in het grind.
Ze waren niet alleen op de weg. Een eind voor hen reed
nog een wagen. Over de vracht hing een wit zeil. Net
als bij hen. Jos vroeg: 'Wie is dat?'
'Dat is Elio. Herken je zijn wagen niet? Hij is op weg
naar huis, in Italië', antwoordde Hannes.
'Dan moeten we niet alleen over de pas', zuchtte Jos.
'Als hij ons maar niet voor de voeten loopt', bromde
zijn baas.
Hun paarden waren sterker. Straks haalden ze het trage span beslist in. Jos vond dat wel leuk. Hij was graag
de beste en de snelste.
Jos gooide een tak in de rivier. Hij bleef naar het hout
kijken. Wat ging het snel in de stroom! Hoe zou het
zijn als hij zelf in het koude water viel? Hij kon goed
zwemmen. Zou hij sterker zijn dan de stroom? De golven zagen er dreigend uit.
Jos rilde van angst.
'Ik zou niet graag in dat water vallen', zei hij tegen
Hannes.
De voerman keek hem verbaasd aan. Met een lachje zei
hij: 'Waar denk jij aan? Nou, ik val er ook liever niet in.

Dat water is zo koud als ijs. Na een paar tellen ben je zo
stijf als een plank. En dan... Einde!'
De wind blies uit het dal. Hij perste de wolken tegen de
toppen. De pas was niet meer te zien. Wat wachtte hun
daar op meer dan 2.000 meter hoogte? Mist? Regen?
Hagel? Sneeuw? Jos deed zijn best om niet bang te zijn.
Hannes trok zich niets aan van de grauwe lucht. Voor
hem telde alleen wat er op de weg gebeurde. De trage
hoefstap van de paarden. Het knarsen van de wielen.
De weg die ze nog moesten gaan.

Jos maakte een klikkend geluid met zijn tong. Hij wilde de paarden vlugger laten gaan.

Hannes hield hem tegen: 'Niet te snel. Rennen heeft geen zin. Daar word je alleen maar moe van.'

De knecht wees naar de lucht.

Hannes bromde: 'Niets aan de hand. Het duurt nog een tijd voor er sneeuw uit die wolken valt. We komen veilig boven. Daar ben ik zeker van. Vertrouw me nu maar.'

'En aan de andere kant?' vroeg Jos.

'De wolk zit vast tegen de berg', zei zijn baas. 'Die kan niet verder. De sneeuw zal aan deze kant vallen. Als we over de top zijn, is het veilig.'

De jongen hield de paarden weer wat in.

# 3. Over de rand

De weg was nog net zo breed als één wagen. Jos liep
voorop. De paarden bliezen hun warme adem in zijn
nek. De dieren kenden hun vak. Ze waren even knap als
Hannes en Jos. Ze wisten hoe ze een bocht moesten
nemen. Ze bleven ver van de rand. Ze trokken de zware
kar de berg op alsof hij niets woog.
Boven hun hoofden klonk geschreeuw. Het span van
Elio stond stil met de wielen naast de afgrond. De voerman brulde tegen zijn paarden. Ze mochten niet meer
verder. Zijn knecht hing aan de leidsels. Zo hield hij de
dieren tegen. Eén fout en de wagen zou in de afgrond
storten.
Hannes liet Jos stoppen in de bocht. Daar was het niet
zo steil. Dat was handig als ze straks weer verder moesten. Voor en achter elk wiel legde hij een steen. Dan
konden ze niet wegrijden. Zijn span stond zo vast als
een huis.
Elio was te dicht langs de rand gereden. De kar kon op
elk moment wegzakken. Hannes krabde bezorgd in zijn
haren. Hij zei: 'Hoi, Elio! Ik ben Hannes. Ken je me nog?
Je zit mooi in de nesten!'
'Zeg dat wel... Ik ben blij dat ik hulp krijg...'
Hannes keek onder de wagen. Hij riep naar Jos: 'Stenen!'
De jongen zocht dikke keien.

Hannes gleed op zijn buik onder de kar. Achter elk wiel legde hij een steen. Jos las de angst op het gezicht van zijn baas. Hannes was er niet gerust op. Als de wagen van de weg gleed, was hij dood.
De stenen lagen op hun plaats. Hannes kroop snel onder de kar uit. De wagen stond vast. Konden ze hem nu veilig los trekken?

Elio en zijn knecht rukten aan de leidsels. De paarden voelden het gevaar. Ze stonden stokstijf. Jos en Hannes hielpen trekken. Het was hun kracht tegen die van de paarden.
Ze waren niet sterk genoeg. De dieren bleven koppig staan. Elio brulde van woede en angst. Hij liet zijn zweep knallen. Het klonk als een schot uit een geweer.

**13**

Vlak boven de hoofden van de dieren. De leider van de paarden rilde. Zijn hoeven bonkten op de rots.

'Pas op! Ze slaan op hol!' riep Hannes.

Elio luisterde niet naar hem. 'Klak!' deed zijn zweep nog eens. De paarden briesten. Ze wierpen zich vooruit. Het ging te ruw. De rand van de weg brak af. Krakend viel de kar op de assen. De wielen zweefden boven het ravijn.

De paarden voelden de schok. De zware wagen trok hen neer. Hun hoeven schoven uit. Ze vielen op de gladde bodem. Schuim spatte uit hun mond. Ze kropen weer rechtop. Het geweld van de dieren deed de kar schuiven. Ze hing al half boven de afgrond.

'Los! Maak ze los! Snel!' brulde Hannes.

Jos en de knecht van Elio stortten zich tussen de paarden. Ze maakten de kettingen los van de trekbalk. Eén, twee, drie... De voerlui joegen de dieren weg. Nog één paard hing vast. Als de wagen viel, ging het zeker mee het ravijn in.

Het dier vocht voor zijn leven. Hannes pakte het hoofd van het bange paard. Hij duwde met volle macht. Het paard moest achteruit om de ketting los te kunnen maken. Jos hing over de trekbalk. Hij keek recht in de diepte. Met beide handen trok hij aan de ketting. Hij kreunde, zo spande hij zich in. Het hielp niet.

Toen maakte het paard zich klaar voor een nieuwe aanloop. Het ging iets achteruit. De ketting stond niet meer strak. Het was net genoeg voor Jos. Hij trok de ketting uit de haak. Het paard sprong weg.

Niets hield de wagen nog tegen. Hij gleed naar de afgrond. Jos gilde. Zijn jas zat vast aan een scherpe haak. Hij rukte zo hard hij kon. De stof moest scheuren, want anders...

De knecht van Elio greep zijn been vast. 'Krrrrrrrr!' scheurde de stof. Jos was vrij. De kar kraakte. De assen braken als houtjes. De wielen vielen plat op de grond. De wagen schoof over de rand.

Jos trok zijn hoofd in. De trekbalk zwiepte langs hem
heen. De kar ging over de kop. Ze raakte een rots. Even
veerde ze omhoog. Toen begon ze te rijden. Het ging
steeds sneller. De vracht vloog los. Vaten, kisten en
zakken vlogen door de lucht.
'Ben je niet gewond?' vroeg een stem.
Jos dacht dat hij droomde. Hij hoorde de stem van een
meisje. Hij kwam omhoog om beter te kunnen kijken.
Ja, het was een meisje dat zijn leven had gered. De
knecht van Elio! Pas nu zag hij de zwarte krullen onder
de rand van haar hoed.
'Ik dacht dat jij een man was', hijgde hij.
'Ik heet Gina', zei ze.
'Ik ben Jos. Dank je, je hebt mijn leven gered.'
Ze zag er bleek uit. Zo voelde hij zich ook. Dat was geen
wonder. Ze waren allebei aan de dood ontsnapt.
'Gina! De paarden!' riep Elio.
De vier dieren renden voorbij de bocht. Ze hinnikten
nerveus. De twee voerlui renden achter hen aan. Ook
Gina en Jos zetten het op een lopen.
'Hier! Hier! Blijf staan!' brulde Elio.
Hij liet zijn zweep knallen. De paarden raakten nog
meer in paniek.
'Niet doen! Idioot!' tierde Hannes.
Het was te laat. De paarden renden weg in galop. Wild,
bang, door niets te stoppen. Keien en modder spatten
op onder hun hoeven. Elio en Gina holden achter hen
aan.
Hannes hield Jos tegen. Hij zei: 'Laat ze maar lopen.

Ze halen die beesten wel in. Daar hebben ze ons niet voor nodig. Kom, wij hebben nog veel werk te doen.' Hun span stond nog altijd op zijn plaats. Jos schopte de keien voor de wielen weg. Hannes trok aan de leidsels. Viermaal vier hoeven kwamen in actie. Hoefijzers tikten op de stenen. De kettingen rammelden en de wielen knarsten. Het kostte hun geen moeite om veilig de bocht te nemen. Hannes en Jos keken nog even naar beneden. De helling lag vol puin. De vracht van Elio en Gina. Alles was kapot...

De wind wakkerde aan. De storm trof hen als een vuist-
slag. Koude druppels vielen uit de hemel. De regen ging
over in hagel. Jos boog zijn hoofd. De hagel prikte in
zijn nek. Hij kon wel huilen van de pijn. Toen begon
het te sneeuwen.

Het span verdween in de storm. Ze zagen alleen nog
sneeuw. Hannes liep naast Jos. Hij tikte met een stokje
achter het oor van de leider. Het dier begon sneller te
stappen.

'We halen het wel', bromde de voerman. 'We zijn nog
geen uur van de top.'

'Waar zouden Gina en Elio zijn?' vroeg Jos.

'Die zijn al thuis', lachte zijn baas. 'Heb je gezien hoe
snel ze liepen?'

'Hun vracht zijn ze kwijt', zuchtte de jongen.

'Een ramp voor die arme mensen', meende de voerman.

'Ik hoop dat wij meer geluk hebben', zei Jos.

Hannes klikte met zijn tong. Hij wilde de paarden sneller laten lopen. Op zijn gezicht kon je niet lezen wat hij
dacht...

# 4. Een schot in de lucht

De laag sneeuw op de weg werd snel dikker. De paarden stapten met gebogen hoofden voort. Hannes tikte met zijn stok om hen sneller te laten lopen. Ze hadden niet veel tijd meer.
De wagen draaide vlot door de bochten. Hij ging vlak langs de rotsen. Aan de andere kant was de afgrond. Eén foute stap en ze waren verloren. Maar daar dachten ze niet aan. Ze gingen door. Er was geen tijd om bang te zijn. Jos keek naar boven. Was de top nog ver? Hij zag de berg niet meer. Hij zag alleen maar sneeuw.
Er stonden twee mannen midden op de weg. Hun zwarte mantels hingen tot op de grond. Ze staken hun handen in de lucht. Ze wilden dat de kar stopte.
'Opzij! Opzij! Laat ons door!' schreeuwde Hannes.
De twee bewogen niet.
De voerman riep: 'Scheer je weg! Ik kan hier niet stoppen! Het is hier te steil! Als we blijven staan, komen we nooit meer op gang!'
Een van de kerels sloeg zijn mantel open. Hij had een pistool in zijn hand. 'Tot hier en niet verder!' riep hij.
Hannes sloeg met zijn platte hand op de schouder van het voorste paard. 'Huu! Juu! Vort!' schreeuwde hij.
Hij gaf Jos een teken dat de jongen achter de wagen moest lopen. 'Rovers!' siste hij tussen zijn tanden.
De paarden stampten recht op de rovers af.

De voerman wilde hen onder de voet lopen.
Een rover stak zijn wapen vooruit. Een knal. Een straal
vuur spoot uit de loop. De kogel vloog vlak over de
paarden heen. Hij verdween in het zeil. De tweede rover pakte nu ook een pistool. Hannes wist dat hij verloren was. Hij riep: 'Hoo! Woohooooo! Stop!'
Het span stond meteen stil. De paarden hijgden. De
stoom van hun adem mengde zich met de sneeuw.
Hannes riep naar Jos: 'Rustig! Niets doen! Anders schie-
ten ze.'
De rovers wenkten naar Hannes en Jos. De voerman en
zijn knecht moesten bij hen komen.
'Wat wil je van ons?' vroeg Hannes.
De rovers zeiden niets.
'Pak de wagen en laat ons gaan. We hebben je niets
misdaan', smeekte de voerman.
De rovers zwegen nog steeds.

'We zullen je niet verraden. Jullie zijn al ver weg voor we op de pas komen', drong Hannes aan.

Van overal doken rovers op. Ze hadden achter rotsen en in spleten zitten wachten. Snel maakten ze de paarden los. Ze joegen de dieren de berg op.

Daarna begonnen ze de wagen te lossen. In een paar tellen was hij leeg. De rovers gingen er met de vracht vandoor. Ze verdwenen tussen de rotsen. Vier boeven tilden de lege kar over de rand van de afgrond. Jos en Hannes hoorden hoe die stuk sloeg op de rotsen. Het gekraak klonk nog lang na.

De rover met het pistool knikte. Dat was een sein voor zijn makker. Die zei dat Jos en Hannes hem moesten volgen. Ze daalden langs een smal pad de helling af. Na een paar stappen wist Jos al niet meer waar hij was. Ze dwaalden door een doolhof van stenen en sneeuw.

Ineens bleef de rover staan. Met een grijns richtte hij zijn pistool op Hannes.

'Trek je kleren uit', beval hij.

'Waarom? Het zijn oude vodden. Die zijn toch geen geld meer waard!'

'Uit!' blafte de rover.

'Dan vries ik dood', zei de voerman.

'Kleren uit of ik schiet', dreigde de rover. 'Dan ben je ook dood. Kies maar.'

Hannes trok zijn jas uit.

De rover wees naar Jos. 'Jij ook', zei hij.

De jongen deed het. Ze mochten alleen hun hemd en onderbroek houden.

**21**

Hannes probeerde zijn schoenen weer aan te trekken.
De schurk spande de haan van zijn wapen. De voerman
liet de schoenen snel vallen.

'Lopen', zei de rover.

'We vriezen dood! Geef ons onze kleren terug', smeekte
Hannes.

'Loop dan maar wat harder. Daar krijg je het warm
van', spotte de rover.

Hij dreef hen naar een grot. Er zat een smalle spleet in
de berg. De rover duwde hen naar binnen.

Jos hapte naar adem. Dikke rook vulde de grot. Rond
een walmend vuur zaten wat rovers. Ze lachten de voerman en zijn knecht uit.

'Is dat je mooie pak?' riep er een.

'Is het al zomer?' spotte een ander.

Hannes zei niets. Hij ging bij het vuur staan. Daar was het warm. Een van de mannen kneep in de arm van Jos. Met een grijns zei hij: 'Flinke kerel. Jou hebben we nodig.'

'Hou je handen thuis!' riep Jos.

'Ho! Ho! Wat een grote mond heb je! Dat zal je wel afleren als je een tijdje voor mij hebt gewerkt!' schreeuwde de man.

Hannes gromde: 'Hij is mijn knecht. Hij werkt niet voor jou.'

'Daar beslist Dorre Lorens over. Jij niet. Met jou maken we straks wel korte metten. Wacht maar.'

Met een gemeen lachje trok hij een mes uit zijn zak. Hannes balde zijn vuisten. Jos dacht dat hij ging vechten.

Een stem riep van ver: 'Hé! Slomen! Kom hier! Helpen!' De rovers liepen naar de uitgang. Hannes keek Jos aan. Ze waren alleen in de grot. De voerman vroeg: 'Ben je bang?'

'Ja.'

'Van de kou of van de rovers?'

Jos rilde: 'Van allebei.'

Hannes ging verder: 'Ik ook. Meer van de rovers dan van de kou. Die zijn tot alles in staat. Ze denken dat we niet durven vluchten. Niet zonder kleren. Ik waag het erop. Dit is onze kans.'

'We vriezen dood', beefde Jos.

'En toch waag ik het erop. Ik ken wel een middel tegen de kou', beloofde Hannes.

Hij nam Jos bij de hand. Ze slopen naar de uitgang. De rovers waren vlakbij. Jos kon hun stemmen horen. Een man brulde: 'Dat pak! Jij! Neem het op!'

'Dat draag jij. Snel!'

Hannes fluisterde: 'Dat zijn hun dragers. Het zijn slaven. Jongens zoals jij. Zij moeten voor de boeven werken. Als je niet wegloopt, word je ook een slaaf. Wil je dat?'

De jongen schudde zijn hoofd. Hannes trok hem naar buiten. De ijskou trof hem als een klap met een hamer. De voerman zette het op een lopen. De jongen volgde. Een rover zag hen. Hij riep naar zijn makkers. Hannes en Jos doken in de sneeuwwolk. Ze renden voor hun leven. Na een paar tellen hoorden ze het gebrul van de rovers al niet meer.

# 5. Alleen op de berg

Hannes en Jos renden de berg af. Na tien stappen deden
hun blote voeten al pijn. De koude prikte in hun tenen.
Scherpe stenen sneden in hun huid. Het was zo erg, dat
ze huilden van pijn. De wind blies dwars door hun dunne hemden.
'Ik kan niet meer, ik kan niet meer', snikte Jos.
'Voort! Vooruit!' huilde Hannes.
De rotsen vormden een doolhof. Het leek of ze steeds
weer rond dezelfde stenen liepen. De storm begon nog
harder te blazen. Jos viel doodop neer. Hannes trok
hem achter een dikke steen. Daar zaten ze uit de wind.
'Wacht', hijgde hij, 'zo gaat het niet verder.'
Aan de voet van de rots lag nog geen sneeuw. Hier en
daar stond een struik. Jonge dennen, dorre plantjes en
plukjes droog gras. De voerman rukte het uit de bodem.
'We hebben meer nodig. Zoek!' beval Hannes.

Jos wist niet wat zijn baas van plan was. Hij was te bang om nog vragen te stellen. Hij rukte aan de planten. Ze zaten vast in de harde grond. Hij trok eraan tot zijn vingers bloedden. Hij zocht onder de sneeuw naar nog meer. Na een tijd lag er een pak ruw hooi tegen de rots.

'Kom. Ik kleed jou eerst aan', zei de voerman.

Hannes propte het hooi in het hemd van de jongen. Jos gilde van de pijn. Takjes krasten langs zijn huid. Naalden prikten in zijn vel.

De voerman trok zich niets aan van het gehuil. Hij hield Jos stevig vast en stopte ook zijn broek vol droge planten.

De jongen hield op met klagen. Hij begreep wat de voerman deed. Hannes was slim. Hij wist wat je tegen de kou moest doen! Het hooi hield hem warm. En de voerman was nog niet klaar met zijn werk.

Hij vlocht zolen van takjes. Die sjorde hij rond de voeten van de jongen. Daarna vulde hij zijn eigen hemd en broek. Jos hielp hem. Hij kreeg het zo warm dat hij begon te zweten. Alleen zijn blote benen voelden nog koud aan. Hannes lachte: 'Je lijkt op een stropop!'

'En waar lijk jij op? Je zou eens in een spiegel moeten kijken!' spotte Jos.

De man gaf hem een klap op zijn schouder. Het hooi in zijn kleren ritselde.

'Zo houden we het vol tot in het dal! Laat de koude nu maar komen!' riep Hannes.

Ze gingen weer op stap.

De storm trof hen met volle kracht. IJzige wind en dikke vlokken sneeuw. Hun zweet droogde meteen op. Jos
kreunde.

De voerman zei: 'Kom, vooruit. Lopen, voor onze benen
bevriezen.'

De helling werd steiler. Er lagen minder stenen. De
grond was glad. Onder de sneeuw lag een laagje ijs. Jos
gleed uit. De takjes onder zijn voeten gleden als schaat-
sen. Hij kon niet meer stoppen.

'Jos, pas op!' gilde Hannes.

De jongen liet zich vallen. Hij zocht een spleet, een
plant, iets om zich aan vast te houden. Hij vond niets,
alleen sneeuw en ijs. Hij gleed naar beneden. Het ging
sneller en sneller. De stem van Hannes verdween in de
verte. Hij botste met zijn knie tegen een steen. De pijn
schoot door heel zijn lijf. Hij begon te rollen.

Jos gilde in doodsangst. In een wolk van sneeuw vloog
hij de berg af. Met een harde smak botste hij tegen de
stam van een den. Het werd zwart voor zijn ogen.

Toen hij wakker werd, hoorde hij alleen de wind. Bang keek hij om zich heen. Alles was wit: de lucht, de grond, de struiken.

Hij bewoog zijn armen en benen. Zo te zien was er niets gebroken. Hij kroop overeind. Hij hield zijn handen als een trechter voor zijn mond en riep: 'Hannes! Hannes! Help!'

Er kwam geen antwoord. Hij riep nog eens, zo hard hij kon. Alleen de wind floot. Zijn benen zagen blauw van de kou. Tijdens de val had hij zijn schoenen verloren. Hij trok takjes van een den om er nieuwe van te maken.

Daarna daalde hij voorzichtig de helling af. Even vond hij iets dat op een pad leek. Het liep dood tegen een rotswand.

'Ik moet naar de rivier', mompelde hij. 'Die stroomt naar het dal. Naar de herberg, waar voerman Hannes en ik waren. Daar zal ik veilig zijn.'

Hij dwaalde rond. Het sneeuwde zo hard dat hij geen vijf meter vooruit kon kijken. Plots rook hij vuur. Hij haalde diep adem. Er was geen twijfel. Hij rook de geur van brandend hout. Daar waren mensen. Hij was gered. Tenzij hij een kamp van de rovers rook...

# 6. De kleren van Elio

Het vuur was niet van de rovers. Jos zag Gina zitten. Ze leunde tegen een rots. Daar kon de wind haar niet raken. Het vuur voor haar voeten gaf meer rook dan vlammen.

Een paar stappen verder lag voerman Elio in de sneeuw. De baas van het meisje. Jos hield zich zo stil als hij kon. Hij wilde de man niet wekken.

'Oh!' schrok Gina toen ze hem zag.

De jongen zag er woest uit. Dor onkruid stak uit zijn hemd en broek. Zijn benen zaten vol blauwe plekken. Het meisje haalde opgelucht adem toen ze hem zag.

Jos blies in het vuur. Uit de rook schoot een felle vlam omhoog. De warmte deed goed aan zijn benen en voeten. Gina staarde hem zwijgend aan. Jos wees naar Elio. De baas van Gina lag nog steeds doodstil.

'Heeft hij het niet koud?' vroeg hij.

Ze schudde haar hoofd. Er blonken tranen in haar ogen. Ze zei: 'Hij gleed uit op het ijs. Hij botste met zijn hoofd tegen die steen daar. Hij bewoog niet meer. Ik kon hem niet helpen. Ik ben bang dat hij dood is.'

Jos liep naar de man. Hij voelde aan zijn hals. De ader klopte niet. De huid was koud. Hij stak zijn hand onder de kleren van de voerman. Het hart van Elio sloeg niet meer.

'Je hebt gelijk. Hij is dood', fluisterde hij.

Gina begon nog harder te huilen. Jos ging naast haar zitten.

'Stil maar! Je kon hem niet helpen', wilde hij haar troosten. 'Het was jouw schuld niet.'

'Nu heb ik niemand meer', snikte ze.

'Was hij je vader?'

'Hij was mijn oom. Mijn vader is allang dood. En mijn moeder ook...'

Jos legde zijn arm om haar heen. Hij wilde haar een dikke knuffel geven. Hij zou voor haar zorgen. Hij ging haar veilig naar het dal brengen.

'Je bent niet alleen. Ik ben er ook nog...' zei hij.

Hij drukte haar dicht tegen zich aan. Het hooi onder zijn hemd ritselde. Ruw duwde ze hem van zich af. Ze riep: 'Wat heb je? Wat is dat? Wat zit er onder je kleren?'

Jos trok een pluk hooi uit zijn hemd. Hij gooide het in het vuurtje. Gina bekeek hem alsof hij gek was. Ze ging ver van hem af zitten.

'Je liet me schrikken! Hooi in je hemd? Waarom heb je dat gedaan?' vroeg ze.

Jos vertelde haar van de rovers. Hoe hij zonder kleren gevlucht was. Hoe Hannes een warm pak van hooi had gemaakt.

Ze liet hem praten. Toen wees ze naar haar dode baas.

'Trek zijn kleren aan', zei ze. 'Hij heeft ze niet meer nodig.'

Jos durfde niet. Hij vroeg: 'Vind je dat niet eng? De kleren van een dode pakken?'

Het meisje zei: 'Ja... Maar Elio zou het niet erg vinden.
Zijn kleren gaan jouw leven redden. Toe, neem ze toch.
Gooi dat vieze hooi in het vuur. Je lijkt wel een mon-
ster!'

De storm smeet dikke pakken sneeuw tegen de berg.
Jos kroop op handen en voeten tussen de rotsen. Hij
zocht naar takjes om het vuur op te stoken. Het natte
hout siste. Het duurde lang voor het in brand vloog.
Gina kroop dicht tegen hem aan. Zo konden ze zich een
beetje warm houden.

Jos hoopte dat Hannes het vuur zou zien. Af en toe ging hij staan en riep zo hard hij kon. Er kwam geen antwoord. Waar dwaalde de voerman rond? Had hij de weg naar het dal gevonden? Of had hij net als Elio een ongeluk gehad...?

's Morgens was er geen hout meer om te stoken. De wind ging liggen, maar de sneeuw hield niet op. De vlokken werden nog dikker. Het lichaam van Elio konden ze niet meer zien. Het lag onder een dikke laag sneeuw. Als ze hier bleven zitten, zouden ze ook sterven. Jos nam een besluit: 'We lopen de berg af. Hannes zei dat hij naar de rivier ging. Dan kunnen we de herberg weer vinden. Dat is onze enige kans.'

Gina trok haar hoed over haar oren. Ze stapte naast hem door de sneeuw. Zwijgend sjokten ze verder. Hun voeten zonken steeds dieper weg. En de witte vlokken bleven maar vallen. Soms zakten ze er al tot aan hun knieën in. Van de rivier was er geen spoor...

# 7. Een herder in het bos

Jos juichte. Hij zag een bos! Een donkere rij dennen, recht voor zich. Hij kneep hard in Gina's hand en trok haar mee.

'Onder de bomen ligt minder sneeuw! Misschien vinden we wel een weg naar het dal!' riep hij.

Zijn vreugde duurde niet lang. Dood hout versperde de weg. Ze moesten over stammen en rotsen kruipen. Doodmoe rustten ze uit op de natte grond.

Gina schudde sneeuw van een struik. Er hingen rode bollen aan. Haastig veegde ze nog meer sneeuw weg. Ze begon de bessen te plukken.

'Wil je ook wat eten?' vroeg ze. 'Het zijn veenbessen. Er is genoeg voor ons beiden.'

De vruchten smaakten zuur en toch lekker. Jos' maag knorde van de honger. Hij stopte zijn mond vol. Een hand vol bessen in één keer. Hij voelde zich ineens veel beter. Tussen de bomen was het minder koud. Er lag volop hout om vuur te stoken. Van de bessen konden ze wel een week eten. In het bos kon je leven!

'Ssst!' deed Gina.

Jos spitste zijn oren. Gina wees naar de rand van het bos. Toen zag hij het ook. Daar stond iets of iemand in de sneeuw. Was het een mens? Een beer? Of gewoon een boomstam?

'Wat is dat?' fluisterde het meisje.

'Ik weet het niet.'
Het onbekende ding bewoog. Toen zagen ze dat het een
man was. Hij riep: 'Jooooo-hoooo!'
Gelukkig, het was geen beer. Toen bedachten ze zich.
Wie liep er in dit weer buiten? Was het een rover? Dat
was erger dan een beer. Ze maakten zich zo klein als ze
konden.

De man volgde het spoor van Jos en Gina. Nog even en hij zou hen vinden.

Jos zocht een plek om weg te kruipen. De vreemde man mocht hen niet vinden.

Vlakbij zag Jos een stuk den liggen. De takken van de boom hingen vol mos. Daarop lag een pak sneeuw. Hij trok Gina onder de takken. Door een spleet zag hij de man stilstaan op de plaats waar ze bessen hadden geplukt. Zijn ogen volgden hun spoor in de sneeuw. Tot aan hun schuilplaats.

'Oh! Daar zitten jullie!' riep hij.

Hij had een knuppel in zijn hand. Hij sloeg ermee op de takken. Dikke pakken sneeuw vielen op Jos.

De jongen sprong overeind. De man hield op met slaan. Hij was gekleed als een herder. Over zijn schouders hing een mantel van geitenvellen. Zijn ogen blonken brutaal.

'Wie ben je? Wat wil je van ons?' riep Jos, alsof hij de man bang wilde maken.

De herder lachte hem uit. Hij zei geen woord, maar zijn ogen flitsten heen en weer. Hij zocht Gina. Hij wist dat Jos niet alleen was. Ineens zei hij: 'Vertel liever wie jij bent, jongen. Wat doe je hier?'

'We zijn verdwaald', zei Jos.

'Zo. Dat dacht ik al. Waar is je vriend? Waarom laat hij zich niet zien?'

Gina ging ook rechtop staan. Ze keek de herder brutaal aan.

'Wie ben jij?' snauwde ze.

'Iemand. Zomaar een vent. Een herder', antwoordde de man kalm.

'Waarom zoek je ons?' vroeg Jos.

'Ik zag jullie sporen. Wie loopt er nou rond in zo'n storm? dacht ik. En toen vroeg ik me af of jullie hulp nodig hadden.'

Jos en Gina waren plots veel minder bang. Het meisje zei: 'We zoeken de weg naar de herberg.'

'Welke herberg?'

'Aan de voet van de pas', antwoordde Jos, 'waar de voer-lui blijven slapen.'

De herder wees met zijn stok: 'Jullie moeten de andere kant op. Dit pad eindigt in een ravijn. Daar zijn al veel mensen verdwenen. Ik heb jullie leven gered!'

De herder bracht hen naar een hut. Hij stapte door de diepe sneeuw. Hij kende de weg over de berg op zijn duimpje. Jos en Gina liepen achter hem aan. Ze wisten niet waar ze waren. Ze wisten zelfs niet hoe lang ze gelopen hadden.

De berghut was gemaakt van stammen. De spleten tussen het hout waren gestopt met modder en hooi. Op het dak lagen scheve planken. Daarop werd het sneeuwpak steeds dikker.

De haard bestond uit dikke keien. Er lag nog wat warme as in.

De herder gooide er droog mos op. Het vloog meteen in brand.

Gina vond een bos takjes naast de haard. Ze legde ze op het mos. Even later knetterde een warm houtvuur.

'Hoe heet je?' vroeg Jos.

'Noem me maar Erik', zei de herder.

'Is dat dan je echte naam niet?' wilde de jongen weten.

'Wat maakt het uit? Erik klinkt goed.'

Hij wees naar een kist in de hoek.

'Maak het eten klaar', zei hij tegen Gina. 'Daar vind je alles wat je nodig hebt.'

Toen draaide hij zich om naar Jos. 'Jij gaat hout halen. Het ligt achter de hut. Tegen de muur, onder de sneeuw. Zoek maar.'

In de kist lag een zak bloem. Gina vond ook een stuk hard spek. Er stond een mand met droge veenbessen. Alles wat ze nodig had.

Ze liet sneeuw smelten in een ketel boven het vuur.

Ze mengde het water met de bloem. Zo kreeg ze beslag om pannenkoeken te bakken. Ze gooide een dikke reep spek in een hete pan. Het siste en spatte. De bodem van de pan blonk van het vet. Ze haalde het vlees er weer uit en goot het beslag in het hete vet.
Snel sneed ze het warme spek in stukjes. Handig keerde ze de koek om. Ze gooide er de brokjes vlees op. Ze strooide er een handvol bessen over.
De hut geurde naar eten. Jos had zo'n trek dat zijn maag er pijn van deed. Gina zette de pan op tafel. Ze stortten er zich alle drie op als wolven.

Gina liet nog een ketel sneeuw dooien. In het warme water gooide ze verse naalden. Het water smaakte lekker naar het hars van dennen. Erik bromde tevreden: 'Zo wil ik elke dag wel eten!'

'Het was heel lekker', gaf Jos hem gelijk.

De herder lachte. Hij riep: 'Elke dag! En op zondag mag het nog beter zijn! Haha!'

Jos legde verse blokken in de haard. Hij vertelde Erik wat er met hen gebeurd was. De herder luisterde in stilte. Pas toen de jongen zweeg, bromde hij: 'Zo, zo... En toen ik je vond, was je op weg naar het ravijn... Ver van de weg. Ver van de rivier. Je hebt me nog altijd niet gezegd wat jullie daar zochten.'

'We waren verdwaald', zei Gina.

'Ja, ja, verdwaald', zuchtte de herder.

Erik geloofde hun verhaal niet. Jos hoorde het aan de klank van zijn stem. Hij was nu te moe. Morgen zou hij wel uitleg vragen, dacht hij. Die Erik was een vreemde kerel... Morgen... Nu wilde hij alleen maar slapen...

# 8. Wie is een rover?

Het was vroeg in de ochtend. Jos legde een stuk hout op de hete as in de haard. De natte schors rond het blok siste. Het hout eronder was droog. Met een plof schoot het in brand. De vlam wierp een geel schijnsel in de hut.

Gina bewoog onder de dekens. Jos zag haar gezicht. Het leek een bleke vlek in het gele licht. Hij keek naar de andere kant. Sliep Erik ook nog? De jongen schrok. De herder was weg.

Jos keek naar de deur. Die kraakte in de wind. Het touw rond het slot zat los. De herder was naar buiten gegaan. Ondanks de sneeuw en de kou.

De jongen dacht aan de vorige avond. Erik leek niet te geloven dat hij en Gina verdwaald waren. Nu was hij weg. Hij was uit de warme hut geslopen. Zonder iets te zeggen. Waarom? Wat kon dat betekenen?

De jongen was er niet gerust op. Was Erik geen herder? Was hij een rover? Was hij de andere rovers gaan roepen? Dreigde er gevaar? Jos wist het niet. Hij moest iets doen, maar wat? Vluchten? Waarheen? Hij riep: 'Gina! Gina! Opstaan!'

Het meisje kreunde in haar slaap. Ze wilde niet wakker worden.

Jos rukte aan haar schouders.

Ze deed haar ogen open.

'Slapen', mompelde ze en sloot ze weer.
'Opstaan, Gina, de herder is weg!' schreeuwde Jos.
'Laat hem lopen', kreunde het meisje.
Jos duwde met zijn vinger tussen haar ribben.
'Au, je doet me pijn!' gilde ze.
'Ssst! Maak niet zoveel lawaai!' siste hij.
'Laat me toch slapen. Wat heb je?' bromde Gina.
Jos trok haar ruw omhoog en zei: 'Erik is weg. Misschien is hij geen herder.'
'Wat zou hij dan wél zijn? Een rover?' vroeg Gina.
'Dat kan', zuchtte Jos.
'Je bent gek. Hij heeft zo goed voor ons gezorgd. Een rover zou ons geen eten geven!' zei het meisje.
'Jawel! Hij wil dat we hem vertrouwen! Dan kan hij ons makkelijk gevangen houden. Zonder dat we ons verzetten!' riep Jos.

Gina haalde haar schouders op. Jos vroeg: 'Heb je gisteren goed naar hem geluisterd?'

'Een beetje', antwoordde ze.

Jos zei: 'Zijn stem... Het was alsof hij om ons lachte. Erik geloofde niet dat we verdwaald waren. Hij deed maar alsof. Waarom? Hij was iets van plan!'

Gina geloofde hem niet. Ze trok de dekens vaster rond haar lijf.

Jos werd boos: 'Blijf je daar zitten tot Erik terugkomt?' snauwde hij.

'Ik heb niets dat hij kan stelen. Jij wel? Nou, waar moeten we dan bang voor zijn?' vroeg ze.

'Ben je echt zo dom?' riep Jos. 'Heb je niet gehoord dat die rovers kinderen ontvoeren?'

'Waarom?' vroeg ze.

'Jij weet ook niet veel', bromde de jongen, 'dat merk ik nu pas! Ze slepen je mee naar hun kamp. Daar moet je voor hen werken als slaven. De jongens moeten pakken over de berg zeulen. Of ander zwaar werk. En de meisjes...'

Gina rilde: 'Hou op! Je maakt me bang! We moeten weg!'

'Hè, hè', zuchtte Jos.

Hij opende de kist met voorraad. Alles wat eetbaar was, stopte hij in een zak. Dat was voor onderweg.

De wind was gaan liggen, maar het sneeuwde nog steeds. Dikke, luie vlokken. Ze zagen waar Erik gelopen had. Zijn spoor leidde de berg op. Daarom liepen zij de andere kant uit. Weg van die enge kerel!

**44**

Ze renden zo hard ze konden over de vlakte voor de
hut. De sneeuw lag al meer dan een meter dik. Soms
zakten ze er tot aan hun heupen in. Ze hadden er geen
idee van waar ze heen liepen. Als het maar de berg af
ging...

Ze kwamen aan de rand van de vlakte. Voor hen was
een donkere muur. Jos vroeg zich af of dat het bos van
de vorige dag was. Hij bleef hijgend staan. Gina liep
hem voorbij. Ze wees voor zich uit. 'Een weg. Ik zie een
weg in het bos', riep ze.
Hij volgde haar. Het duurde een hele tijd voor hij zag
dat ze gelijk had. Tussen de struiken was er een gat.
Een smal pad verdween tussen de kale stammen. Een
weg waarop je niet kon verdwalen. En het ging bergaf!
Naar de rivier. Naar de herberg! Daar zouden ze einde-
lijk veilig zijn! Misschien zouden ze er voerman Hannes
vinden, hoopte Jos.

Ze zetten het op een lopen. Takken kraakten onder hun voeten. Ze trokken zich niets aan van het lawaai. Ze liepen weg van de hut. Weg van de herder, weg van de rovers, hoopten ze. De bosweg ging naar het dal. Daar waren ze veilig!

Gina viel over een stok. Even vloog ze als een vogel door de lucht. Toen plofte ze op de grond. Ze gilde.

Jos kreeg een slag in zijn nek. Hij voelde een felle pijn. Hij zag sterren voor zijn ogen. Zijn benen werden slap. Hij was verlamd. Hij liet de zak met eten los. Het pak vloog voor hem uit. Toen werd alles zwart.

Hij hoorde mannen praten. Een bromstem vroeg: 'Zijn ze dat?'

Een andere stem zei: 'Dat zijn ze. Ze hebben hard gerend. Ik had ze hier nog niet verwacht. We hebben geluk, anders waren ze toch nog ontsnapt!'

Jos herkende de stem van Erik. Hij had gelijk! De herder was een valse schurk! De jongen wilde zijn ogen openen. Het lukte hem niet.

Iemand prikte met een stok in zijn zij. De bromstem
zei: 'Vooruit, knul, opstaan. Je hebt lang genoeg geslapen.'
Jos kon niet praten. De woorden bleven in zijn keel
steken. De man greep hem bij zijn kraag. Gina zat een
paar meter verder op de grond. Jos zag dat ze pijn had.
Ze hield met beide handen haar knie vast. Naast haar
stond Erik met een knuppel. Dat was de stok waarover
Gina gevallen was.
De man die Jos vasthield, bromde: 'Nou, vertel eens
waar je zo snel naartoe liep?'
'De herberg... Het dal...' hijgde de jongen.
Erik lachte vals. Hij tikte met zijn stok op de grond en
riep: 'Liegbeest!'
Gina riep: 'Jos liegt niet! Je bent zelf een liegbeest! Ge-
mene schurk! Bandiet! Rover!'
'Hou je kop', blafte de valse herder.
De andere man trok Jos overeind. Zijn gezicht raakte
bijna dat van de jongen. Het was een ruwe kerel met
een wilde baard. Daaronder zaten twee rode littekens.

Ze liepen van zijn mond tot aan zijn oren. Alsof
iemand beide wangen open had willen snijden.
'Lieg niet', bromde de man, 'of ik knijp alle sap uit je
lijf.'
'We zijn voerlui... Haar baas is dood. Hun paarden zijn
op hol geslagen. Mijn baas is verdwenen. We zijn be-
roofd. Nu zoeken we de weg naar de herberg', zei Jos.
De man liet hem los. Hij viel op de grond. Zijn benen
leken nog altijd verlamd.
Erik vroeg: 'Geloof jij hem?'
'Ik weet niet wat ik moet denken...' gromde de ruwe
man.
Ze gingen een paar meter verder staan. Jos zag hun
lippen bewegen. Hij kon geen woord horen. Ze spraken
over hem en Gina. Dat was zeker.
De mannen keken niet naar Gina. Stil sloop ze weg. Ze
kroop achter een boom. De mannen hadden nog steeds
niets in de gaten. Het meisje ging verder het bos in. Jos
zag dat ze hinkte. Haar knie deed pijn. Ze was bijna uit
het gezicht, toen Erik haar in de gaten kreeg. Hij riep:
'Pas op, Heini! Daar gaat er eentje lopen!'
De baardige Heini brulde als een stier. Met de kracht
van een wild zwijn raasde hij door de struiken.
'Lopen, Gina! Lopen!' gilde Jos.
Heini was sneller. Gina kon niet rennen. Haar knie
deed te veel pijn. De man tilde haar op alsof ze niet
meer woog dan een konijn. Hij stak het meisje met één
hand in de lucht. Ze spartelde fel, maar de ruwe kerel
liet haar niet meer los.

'Hebbes!' riep hij.

Erik duwde met zijn stok tegen Jos. Spottend zei hij: 'Ik heb jullie mooi om de tuin geleid, niet? Even een spoor maken alsof ik de berg opliep. Jullie gingen meteen de andere kant uit. Ik had niets anders verwacht. Haha!'

'Ben je daar trots op? Vuile rover!' spuwde Jos.

'Ik? Een rover?' riep Erik.

Heini liet Gina los. Ze viel naast Jos op de grond. Erik spotte: 'Hoor je dat, Heini? Hij denkt dat ik een rover ben.'

'Zegt hij dat?' vroeg de man met de baard.

'Je bent een smerige boef van een rover!' riep Gina.

De mannen lachten haar uit. Jos begreep er niets meer van. Waren die kerels gek? Heini bromde: 'Hoor eens. Volgens mij zijn er maar twee rovers in de buurt: jij en jij.'

Hij wees naar Gina en Jos. Erik ging verder: 'Juist. Jullie

werken voor de bende van Dorre Lorens. Dat is het! Ik
had bijna jullie smoesjes geloofd. Maar vannacht kon
ik niet slapen. Ik lag heel de tijd aan jullie verhaal te
denken. Daar klopte niets van. Nu ben ik er zeker van
dat...'

Heini onderbrak hem: 'Je hebt gelijk, Erik. Dat is nu al
de tweede keer dat je die twee betrapt. Telkens zijn ze
op weg naar het hol van de Dorre. Dat bewijst dat ze lid
zijn van zijn bende. Domme kinderen zijn het! Heel,
heel dom.'

Jos kon zijn oren niet geloven. Hij vroeg: 'Wacht even...
Als jullie geen rovers zijn, wie zijn jullie dan wel?'

'Geheime agenten', bromde Heini. 'Wij zijn soldaten
van het leger. We maken jacht op rovers.'

Erik zei: 'En jij en dat meisje zijn spionnen. Valse lui-
zen. Jullie verraden aan de rovers dat er wagens op
komst zijn.'

Jos verbleekte. Wat voor onzin was dat? Hij riep: 'Ik ben
geen spion! De rovers hebben me gepakt! Ik ben ontsnapt! Ze hebben mijn kleren gestolen!'

Erik en Heini lachten om zijn woede.

Gina zei: 'Hij heeft gelijk. Kijk maar. Hij draagt de kleren van mijn baas.'

De mannen lachten nog harder.

Erik zei: 'En dat moeten wij geloven? Waaraan kunnen
we merken dat het de kleren van jouw baas zijn? Staat
zijn naam er soms in?'

Gina bromde: 'Smeerlap.'

De agent hoorde het niet. Hij gaf wat touw aan Heini:

'Bind hun handen vast.'

Jos wist niet meer wat hij moest doen. Valse herders die geheime agenten waren. Mannen die zeiden dat hij en Gina rovers waren. Die valse Erik had gezegd dat hij een spion was. Dat hij de voerlui verraadde. Jos zuchtte. Hoe kon hij zijn onschuld bewijzen?

De pijn in zijn hoofd werd erger. Die ruwe Heini had hem een flinke slag in zijn nek gegeven. Jos kon niet meer denken.

Heini bond touw rond zijn polsen.

Jos riep: 'Au! Niet zo vast!'

De agent trok nog harder en zei: 'Vooruit, kom mee, jullie. We gaan naar beneden. Je wilde toch naar het dal?'

'Ja', zuchtte Jos.

'Nou, dan gaan we', zei de man, 'maar niet naar de herberg. We brengen je naar de cel. In het legerkamp.'

Ze liepen een eind terug op het pad. Heini trok wat takken opzij. Ineens waren ze uit het bos. Voor hen lag het dal. Jos knipperde met zijn ogen in het licht. Heini duwde hem vooruit. Langs de steile rotswand ging een  smal pad naar beneden.

'Pas op, het is glad', zei de man, 'zorg dat je niet valt. Ik wil je levend bij mijn chef brengen.'

# 9. Een cel met vuil stro

De officier van het leger droeg een vuil blauw jasje. De knopen waren vies groen verkleurd. Zijn broek zat vol modder. Hij zat op een krukje voor de haard. Zijn laarzen staken bijna in het vuur. Er steeg damp uit op.
Erik en Heini groetten hem beleefd. Ze zeiden dat Jos en Gina voor de rovers werkten. De officier geeuwde: 'Goed. Ik zal hen verhoren.'
De twee mannen gingen naar buiten. De officier rekte zich uit. Hij zat met zijn rug naar Jos en Gina. Alsof het hem niet veel kon schelen.
'Maak het kort', riep hij. 'Ik ben moe. Ik kom net terug van een tocht door de bergen.'
Jos deed zijn best. Het hielp niet. De officier geeuwde nog eens heel luid. Toen zei hij: 'Ik geloof geen woord van je verhaal. Twee voerlui op de pas? Als er een storm op komst is? Toe nou... Niemand is zo dom...'
Hij schopte in de haard. Een stuk hout plofte op de vloer. De vonken schoten meters ver. Hij ging verder: 'Wat Erik vertelt, dat geloof ik wel. Hij is mijn beste agent. Hij betrapte jullie op weg naar het kamp van Dorre Lorens! Twee keer! Dat kan geen toeval meer zijn. Beken het maar!'
Jos was zo kwaad, dat er tranen in zijn ogen sprongen. Hij riep: 'Als u ons niet gelooft, vraag het dan aan de baas van de herberg! Hij weet wie ik ben!

Hij kent Hannes! Hij kan u zeggen wanneer we laatst
bij hem waren!'
De officier schudde zijn hoofd: 'Het spijt me, jongen.
Dat kan niet meer. De rovers wilden in de herberg in-
breken. Er was een gevecht. De herbergier kreeg een
sabel in zijn hart. Hij was op slag dood. Je moet een
ander zoeken.'
Hij riep Erik en Heini. De soldaten sleurden Gina en Jos
naar een hok achter de stallen. Het was een gebouw
van dikke rotsblokken. Op het dak lagen zware platte
stenen. Dat was de gevangenis.
Binnen waren er twee cellen met tralies. Erik duwde
Gina in de linker cel. Heini gooide Jos in de andere
ruimte.

De deur viel met een klap dicht. Een zware grendel schoof in het slot. Het was donker in het hok. Op de vloer lag stinkend stro. Het voelde nat aan. Bijna als mest uit een stal. Gina snikte: 'Wat gaan ze met ons doen?'

Jos durfde niet meteen te praten.

Het meisje huilde: 'Jos! Weet je wat ze met ons gaan doen? Zeg iets! Ik ben bang.'

De jongen leunde tegen de tralies. Hij zocht naar Gina. Het was zo donker dat hij zelfs zijn eigen hand niet meer zag. 'Waar ben je?' vroeg hij.

Het stro ritselde. Gina raakte zijn hand aan en smeekte: 'Laat me niet in de steek. En vertel me wat ze met ons gaan doen.'

'Ik weet het ook niet', zei Jos. 'Misschien doen ze ons niets. Als ze slim zijn, laten ze ons gaan. We hebben niets misdaan. En anders...'

'Anders?' vroeg ze.

'Anders brengen ze ons naar de stad. Naar de rechter. Die beslist of we een straf krijgen of niet.'

'Wat voor straf?' vroeg Gina.

Er klonk nog meer angst in haar stem. Jos durfde het bijna niet te zeggen: 'Soms slaan ze je met een stok. Of ze sluiten je op in een hol onder de grond. Of ze binden je vast aan een paal. In het midden van een plein. De burgers van de stad komen je dan pesten. Dat doen ze om rovers te straffen...'

Jos rilde terwijl hij de woorden uitsprak. Was het echt waar wat hij zei? Of was het een boze droom?

'Ook als je geen rover bent? Straffen ze je dan ook?'
vroeg Gina.
'Waarom zou de rechter geloven dat wij geen boeven
zijn?' vroeg Jos.
'Omdat wij het hem zeggen! Omdat wij de waarheid
spreken!' riep het meisje.
'Ja, maar hij gelooft ons niet. Erik en Heini werken voor
hem. Wat zij zeggen, dat gelooft hij wel', zei Jos.
'Ik haat die rechter!' riep Gina. 'Hij is een slecht mens!'
Jos zuchtte. Gina had gelijk. Maar wat konden zij doen
tegen een rechter en het leger?

# 10. Zwemmen in de sneeuw

Het was bitter koud in de cellen. Gina en Jos hadden geen dekens. Ze kregen geen eten. Zelfs geen slok water. Ze hielden elkaar stevig vast door de tralies heen. Zo konden ze een beetje warm blijven. Er leek geen einde te komen aan de nacht.

Grijs licht scheen door een spleet boven de deur. Een nieuwe dag brak aan. Jos hoorde mannen roepen. Toen klonk het geluid van paarden. De dieren kregen haver. Jos zei zachtjes tegen Gina: 'Eerst de paarden, daarna de mensen. Straks krijgen we ook wat te eten...'

Hij hoorde hoeven op de sneeuw. Metaal rinkelde. De soldaten reden weg. Nog even, toen hoorde hij hun stemmen niet meer. Het werd weer stil. De deur van de cel bleef dicht. Niemand bracht hun eten of drinken.

'Ze zijn weg', zei Gina. 'Ze laten ons gewoon sterven van honger en dorst.'

Jos voelde aan de deur. Die was van zware planken. Balken zo dik als zijn vuist. De grendel zat vast in het slot. Hoe hard hij ook schopte, er bewoog niets. Ze riepen zo luid als ze konden. Er kwam geen antwoord.

'Ze denken niet meer aan ons', snikte Gina.

Jos zat met zijn rug tegen de deur. Was het al middag? Vroeger? Later? Hij had geen idee van de tijd. Kwamen de soldaten en de paarden bijna terug? Of zouden ze nog uren moeten wachten?

Het hout voelde warm aan. Gina zei: 'Het slechte weer
is over. De zon schijnt op de deur. Voel je het ook?'
Door de spleet viel helder licht naar binnen. Ze hoorden druppels. De sneeuw smolt. Het dak was lek. Er viel
water op het stro. Jos kroop omhoog langs de tralies.
Hij probeerde of er stenen los zaten. Gina gaf hem een
steuntje. Hij duwde en klopte tegen het dak. Hij vond
geen zwakke plek.

Ze leunden weer tegen de deur. Jos wist het niet meer.
Hij had zin om te huilen als een klein kind. Gina voelde
zijn wanhoop. Ze streelde zijn wang.
'Kop op', zei ze, 'laat de moed niet zakken.'
'Het spijt me', snikte hij. 'Ik had je zo graag willen hel-
pen...'
'Ach, het is jouw schuld niet', antwoordde ze.

In de verte klonk een knal. Dof gerommel deed de lucht trillen. De deur kraakte. Uit het dak daalden dunne straaltjes stof op hen neer. Het geraas werd luider. De grond beefde onder hun voeten.

Gina trok haar hand weg. Ze rolde zich op als een bal. Ze trok haar armen over haar hoofd. Haar wangen tussen haar knieën. Jos begreep niet wat ze deed. Hij wist ook niet waar dat lawaai vandaan kwam.

'Wat is er? Wat is er?' riep hij.

'Een lawine!' gilde ze.

Zijn hart klopte sneller. Een lawine! Natuurlijk! Er was een hoop sneeuw gevallen. Daarna was de zon gaan schijnen. De sneeuw op de steile hellingen begon te schuiven.

Niet zo maar met kleine hoopjes. De sneeuw kwam los. Pakken zo hoog als een huis. Zo groot als een akker. Er was niets dat al dat geweld kon stoppen.

Een berg van sneeuw schoof en rolde naar het dal. Hij voerde alles met zich mee. Bomen, rotsblokken, huizen, dieren en mensen. Alles. Jos begreep nu waarom Gina zo bang was. Het meisje riep: 'Jos! De lawine komt recht op ons af. De sneeuw gaat ons verpletteren. Maak je zo klein als je maar kunt.'

Het geraas kwam snel dichtbij. Het klonk zo luid dat ze hun eigen stemmen niet meer konden horen.

Plots botste er iets tegen de gevangenis. De muren trilden. Het dak kraakte en een balk brak. Hij plofte neer op een halve meter van Jos. Een deel van het dak stortte in.

Een stuk rots ramde de deur open. Toen kwam de
sneeuw. Geen harde brokken, maar een wolk van wit
poeder. Het leek wel een waterval van sneeuw.
De wolk tilde Jos en Gina op. Ze landden tegen een
muur.
Jos had het gevoel alsof hij in een wilde rivier viel. De
fijne sneeuw spoelde als een golf over zijn hoofd. Het
poeder drong als water zijn neus en mond binnen. Zijn
longen stroomden vol. Hij ging verdrinken!
Jos sloeg wild met zijn armen. Alsof hij aan het zwemmen was. Proestend kwam hij boven. Hij wreef de
sneeuw uit zijn ogen. Hij snakte naar adem.
Het hok lag in puin. De helft van het dak was weg. Van
de deur bleven alleen wat splinters over. De tralies waren krom. Sneeuw vulde de cellen.
Jos zocht naar Gina. Hij zag haar niet.
Hij kroop naar haar cel. In de verste hoek bewoog iets.
Jos groef met zijn blote handen. Hij trok het meisje uit
de sneeuw. Ze hapte naar lucht. Hij sleepte haar naar
buiten.
Haar gezicht was blauw. Ze begon over te geven. Zuiver
water stroomde uit haar mond.
Jos en Gina zaten tussen hopen puin.
De stallen waren verdwenen onder een berg van
sneeuw en stenen. Alleen het gebouw van de soldaten
was niet geraakt.
Gina kroop kreunend rechtop. Ze ademde diep in. Op
elke hap lucht volgde een snik.
Jos wilde haar troosten. Hij dacht dat ze huilde.

Plots begon ze te lachen. Tussen twee hikken door riep
ze: 'We leven! We zijn niet dood! We leven!'
Jos kreeg ook de slappe lach. Ze rolden als gekken door
de sneeuw. Ze leefden! Ze waren vrij! En er was niemand om hen weer aan te houden! De soldaten waren
weg. Ze maakten jacht op de rovers. Zij hadden geen
tijd voor de twee kinderen in het hok. Die moesten
maar wachten.
Jos groef in het puin van de stallen. Hij vond een paar
zakken haver. Voer voor de paarden.
Met nieuwe moed gingen ze op stap. Ze kauwden op de
harde haver. Het was niet lekker, maar het was beter
dan niets...
Ze namen de weg naar het dal. Daar zouden ze wel
hulp vinden, hoopten ze...

# 11. Dertig rovers op de weg

De weg was leeg. Geen mens en geen dier te zien. Ze
waren alleen. In de zon was het lekker warm. Paarden
hadden een pad door de sneeuw gemaakt. Lopen kostte
geen moeite. Ze voelden zich heerlijk. Nog even en alles
was voorbij.
Een paar keren vonden ze de resten van een lawine.
Bergen gruis en sneeuw lagen op het pad. Op handen
en voeten kropen ze erover. Het kon hun niet schelen.
Ze waren op weg naar het dorp. Daar waren ze veilig.
Gina hoorde het gevaar het eerst. Er klonk een kreet.
Toen waren er meer stemmen. Het geluid van een
groep mannen. IJzer dat tegen ijzer tikte. Ze keek naar
beneden. De weg slingerde in grote bochten naar het
dal. Toen zag Gina wie al dat lawaai maakten.
Jos en Gina lieten zich in de sneeuw vallen. Ze kropen
tot ze over de rand konden kijken. De groep kwam naar
boven. Wel dertig rovers met wapens. De hele bende.
Hun leider liep voorop: Dorre Lorens. Hij droeg een
lange zwarte mantel.
Jos keek om zich heen. Ze konden niet naar beneden.
Daar was de helling leeg en kaal. De rovers zouden hen
van ver zien lopen. Boven het pad lag een bos. Zo hoog
als hij kon kijken. Daar konden ze goed schuilen.
Er was nóg een lawine geweest. Die had een kloof
gemaakt tussen de bomen.

Jos zei tegen Gina: 'Daar gaan we naar boven. We kruipen achter een boom tot ze voorbij zijn.'
De rovers maakten geen haast. Gina en Jos hadden
volop tijd om zich te verstoppen. De zon zonk weg achter de toppen. Het werd koud. De rovers maakten geen
lawaai meer. Waar waren ze?
Jos fluisterde: 'Ik ga kijken. Wacht hier op me.'
Hij sloop door het bos. Hij keek naar beneden. Op de
weg was er geen rover meer te zien. Toen hoorde Jos
iemand hoesten. Hij speurde tussen de bomen. Zijn
hart bonkte. De rovers zaten in het bos, vlak onder
hem. Ze hielden de weg in de gaten. Wat waren ze van
plan?

Hij rende naar Gina: 'Ik snap er niets van. Ze hebben
zich verstopt. Alsof ze een overval willen plegen. Maar
wie kunnen ze overvallen? Er is geen mens te zien.'
Gina dacht na. Ineens riep ze: 'Jawel! Ze wachten op de
soldaten! Die moeten terug naar boven! Ik ben er zeker
van. Ze gaan de soldaten aanvallen!'

Jos floot tussen zijn tanden. 'Je hebt gelijk... Die rovers durven!'

Gina zei: 'We moeten de soldaten zeggen dat de rovers op hen zitten te wachten!'

'Aan wie wil je dat vertellen? Aan Erik en Heini? Die lachen je uit', zuchtte Jos.

'Als we niets doen, worden de soldaten vermoord', zei Gina. 'Heb je wel gezien hoeveel rovers er zijn? De soldaten hebben geen kans.'

De jongen staarde langs de baan van de lawine naar het dal. Diep onder hem bewoog iets. Een groep van vijf of zes soldaten te paard. Dat moesten Erik en zijn mannen zijn. Jos stampte een prop sneeuw los. Die rolde de helling af: een lawine in het klein.

Ineens wist hij wat hij moest doen. Hij keek naar boven. Daar lag een smalle strook grond. Onder de sneeuw zag hij bobbels. Stenen die tot daar gerold waren. Ze lagen vlak boven het bos waarin de rovers zaten.

'Ik ga de rovers opjagen', zei hij.

Gina hield haar adem in. Was hij gek? 'Jij in je eentje? Tegen dertig man? Ze hakken je aan stukken!'

'Nee', antwoordde hij, 'ik wacht tot ze vlakbij zijn. Dan gooi ik de stenen naar beneden. Die maken een lawine! Op de kop van de rovers. Daarna zetten we het op een lopen. Kijk, we vluchten niet langs het pad. De lawine rolde tot in het dal. Dat is de weg die we moeten volgen. Dan hoeven we niet voorbij de rovers te lopen. En niet voorbij de soldaten.'

Gina staarde in het ravijn. Het was steil en diep. Maar
met een beetje geluk zou het kunnen lukken... Ze slikte
haar angst weg.

Jos en Gina kropen naar boven. Niemand zag hen. Gina
keek over de rand. De rovers leunden rustig tegen de
bomen. De soldaten zouden hen pas op het laatste moment zien. Te laat om te vluchten en te laat om te vechten. Ze hadden geen kans.

Jos gleed op zijn buik door de sneeuw. Hij sleepte dikke
keien aan en legde ze vlak naast de rand. Eén duw en
ze rolden naar beneden. Als kogels uit een kanon.

De soldaten hadden haast. Ze brulden tegen hun paarden dat ze sneller moesten lopen. Heini schreeuwde het hardst. Jos herkende zijn stem.

Jos zag iets op de weg. Daar waren ze. Hij siste naar Gina. Ze knikte. Ze had de soldaten ook gezien. De rovers waren klaar om aan te vallen.

'Nu!' siste Jos.

Hij duwde de eerste steen over de rand. De rovers merkten niets van het gevaar.

'Ten aanval!' riep de leider van de rovers.

Meer stenen rolden naar beneden. Jos en Gina hadden geen tijd om te kijken waar de keien landden. Ze smeten met alles wat ze vonden. De stenen ploften tegen de bomen en kaatsten terug als rubber ballen. Ze wipten en rolden steeds sneller. Het was een echte lawine.

Jos schopte de laatste kei over de rand.

De rovers brulden en zetten de aanval in. Toen haalden de stenen hen in. De keien leken van overal te komen. Een rover kreeg een steen tegen zijn hoofd. Hij plofte in de sneeuw. Een paar rovers werden bedolven door de lawine. Ze rolden de berg af.

De rovers waren verblind door de sneeuwwolk. Wie slim was, zocht een plekje achter een boom. Anderen probeerden de lawine te snel af te zijn. Zij stortten zich naar beneden, naar de weg.

Daar hadden de soldaten het gevaar op tijd gezien. Ze gaven hun paarden de sporen.

De leider van de bende, Dorre Lorens, gaf nog niet op. Hij dreef zijn mannen nog altijd vooruit.

Hij brulde woedend: 'Vooruit! Pak ze! Vooruit!'
Een kei trof hem in zijn rug. Hij plofte neer. Hier en
daar klonk een schot. De kogels verdwenen in de lucht.
De aanval was mislukt.
Jos en Gina renden intussen over het pad dat de lawine
gemaakt had. Met twee grote sprongen staken ze de
weg over. Een soldaat dook voor hen op. Het was Erik,
de valse herder, de geheime agent. Hij herkende hen en
brulde: 'Stop! Hé, stop of ik schiet!'

Ze vlogen hem in een flits voorbij. Hun benen gingen
steeds sneller. Jos raakte een stuk hout dat uit de
sneeuw stak. Hij viel. Hij rolde en schoof de berg af.
Gina gilde. Erik schreeuwde. De soldaten en de rovers
brulden. Jos dacht nog maar aan één ding: stoppen
voor hij te pletter sloeg.

Gina liet zich op haar rug van de berg glijden. De sneeuw stak vol harde dingen: steen, hout, ijs. Haar zitvlak deed pijn. Dat hield haar niet tegen. Haar leren broek was zo glad als een slee en zo sterk als staal. Anders was ze allang aan flarden geschuurd. Het meisje schoof steeds sneller naar beneden.

Jos stampte met zijn voet in de sneeuw. Hij stopte zo hard dat zijn enkel brak. Hij hoorde het bot kraken. De pijn was zo erg, dat hij even buiten westen raakte.

Gina zat naast hem. Ze keek naar boven. De soldaten reden de berg op. De rovers maakten zich in paniek uit de voeten. Een massa van steen en sneeuw donderde rondom hen van de berg af.

Gina trok Jos omhoog. Zijn voet hing scheef aan zijn been. Ze had geen tijd om daar iets aan te doen. Ze sleepte hem mee naar beneden. Zij op haar zitvlak. Hij op zijn rug. Zo trok ze hem achter zich aan. Ze moesten naar het dorp. Iemand vuurde een schot af. Een rover had haar gezien. Ze zag rook uit de loop van zijn geweer komen. Maar ze was al te ver. De kogel viel ergens in de sneeuw. Een gat van meer dan tien meter diep.

'Jos?' riep ze. 'Jos, wakker worden! We zijn er! Kijk, Jos!' Onder hen lag het dorp.

# 12. De smaak van thee

Jos kon niet meer. Zijn enkel deed zoveel pijn, dat hij
er tranen van in zijn ogen kreeg. Zijn handen prikten.
Hij proefde bloed in zijn mond.
Hij deed zijn ogen open. Hij zag niets. Even dacht hij
dat hij blind was. Toen voelde hij ruwe wol tegen zijn
voorhoofd. Hij herkende de geur.
Gina drukte zijn hoofd tegen haar jas.
Hij kreunde.
Ze liet hem los. Alleen zijn wangen hield Gina nog al-
tijd warm tussen haar handen. Ze vroeg hem: 'Jos? Wat
is er... Kan je? Hoor je me?'
Hij kon niet praten. Bij zijn val had hij in zijn tong
gebeten. Hij wilde naar haar lachen. Zijn mond deed
pijn. Hij kon niet lachen. Gina trok haar handen weg.
Ze wees naar beneden.
'Daar ligt het dorp. Kun je tot daar lopen?' vroeg ze.
Ze hielp hem overeind. Zijn voet bengelde aan zijn
been. Het meisje legde zijn arm over haar schouders.
'Steun op me. Kom, gaat dat?'
Het lukte niet. Hij zakte weer op de grond. Hij keek
naar boven. Heel het eind dat hij gevallen was. Een
wonder dat hij nog leefde. Hij kon bijna niet spreken:
'Www...aar zzzzijn ze?'
Gina zei: 'De rovers lopen daar ergens rond. We kun-
nen hier niet blijven. Misschien zoeken ze ons.

We moeten snel naar het dorp. Daar durven de rovers
niet te komen.'
Gina kroop over de rand van de afgrond. Ze ging op een
steen staan. Jos trok zich op zijn buik vooruit. Hij gleed
naar beneden. Zijn hoofd eerst. Gina ving hem op. Ze
kroop een trap lager. Hij volgde. Zo daalden ze af.
Het meisje sleepte hem door de sneeuw.
Het was donker. Bij een schuur lag een slee. Gina legde
Jos erop. Met haar laatste krachten trok ze hem naar de
huizen. In de diepe sneeuw kwam ze niet vooruit. Toen
vond ze een weg. Gina wist dat ze het ging halen.
Achter een raam brandde een kaars. De deur stond op
een kier. Hijgend viel ze binnen.
Mensen rond een tafel in een lage kamer. Mannen ke-
ken haar aan.
Ze riep: 'Help! Mijn vriend! Hij is gewond! Rovers!'
Toen viel ze op de grond.

Gina proefde thee. Ze lag naast een vuur. Ze voelde de hitte. Ze deed haar ogen open. Jos zat in een stoel. Een vrouw deed verband om zijn voet. Een man boog zich over haar heen. Met zachte stem zei hij: 'Drink nog wat.'

'Waar ben ik? Wie ben jij?' kreunde Gina.

'Je bent veilig in het dorp', zei de man. 'Ik ben Hannes. De baas van Jos.'

Ze nam nog een slok en deed haar ogen weer dicht. Het was voorbij. Ze was gered.

Er klonk kabaal aan de deur. Ze hoorde een boze stem. Voeten stampten hard op de vloer. Gina was plots helder wakker en stijf van de schrik. Erik en Heini stapten binnen. Een paar soldaten volgden hen.

'Dat zijn ze!' brulde Heini. 'De twee spionnen! Zie je wel! Ik heb gelijk! Ik heb ze zien vluchten! Ze waren bij de rovers! Ha, gespuis! Je dacht dat ik je niet durfde te volgen? Mis! Hier ben ik! Jullie gaan mee. Ik gooi jullie weer in de cel!'

Hannes hield de kwade man tegen. Heini trok zijn sabel. Een boer kwam tussen hen staan. Hij riep: 'Heini! Doe niet zo dom! Hoor wat de voerman te vertellen heeft!'

Jos zei: 'Ik ben geen spion. Vraag het maar aan mijn baas.'

Hannes knikte. Heini keek van de een naar de ander. Gina kroop overeind. 'Wij hebben je leven gered, sufferd! De rovers loerden op je. Jos heeft met stenen naar hen gegooid. Zonder hem was je er geweest!'

De voerman wees naar de sabel: 'Steek dat ijzer weg,
vriend. En waag het niet mijn knecht een spion te noe-
men. Dan krijg je het met mij aan de stok.'
Heini was in de war. Hij zocht steun bij Erik. Zijn
vriend kroop weg achter de soldaten. Heini riep: 'Erik!
Hoor je dat?'
Voor Erik iets kon zeggen, kwamen nog een paar boe-
ren naar voren. Een van hen riep: 'Pas op, Heini! Hannes is een eerlijk man. Ik ken hem al sinds jaren. Hij
liegt nooit. Ik denk dat jij je vergist. Denk goed na voor
je iets doet.'
Heini gromde en stak zijn wapen weg. Hij liet zijn
schouders zakken. Hij zuchtte: 'Als jij het zegt, zal het
wel zo zijn...'

Hij wilde weggaan. Een boer hield hem tegen. Hij wees naar Jos en Gina: 'Vergeet je niets? Kan er geen bedankje af? Zij hebben je leven gered. Besef je dat? Twee kinderen tegen dertig rovers. Dat is beter dan jouw soldaten. Vind je niet?'

Heini staarde kwaad naar de jongen en het meisje. 'Nou, dank je wel dan', gromde hij en liep weg.

Toen de soldaten buiten waren, zuchtte de boer: 'Nu snap ik waarom Dorre Lorens niet gepakt wordt. Wat een sufferds!'

Hannes legde zijn hand op Jos' voorhoofd. Hij fluisterde: 'Je weet niet hoe blij ik ben... Ik dacht dat je in het ravijn gestort was. Ik was bang dat je dood was!'

'Dat dacht ik ook van jou', zei de jongen.

Hij wees naar Gina: 'Zij heeft mijn leven gered.'

'En jij het mijne', fluisterde ze.

Gina lachte. Jos keek de andere kant uit. Hij mocht niet lachen. Dat deed te veel pijn...